アルファベットの練習
大文字

Par

❶ AからZまで文字を順になぞったあと、自分で2回書きましょう。

⑴ 大文字[**エイ**]

⑵ 大文字[**ビー**]

⑶ 大文字[**スィー**]

⑷ 大文字[**ディー**]

⑸ 大文字[**イー**]

⑹ 大文字[**エフ**]

⑺ 大文字[**ヂー**]

⑻ 大文字[**エイチ**]

⑼ 大文字[**アイ**]

⑽ 大文字[**ヂェイ**]

⑾ 大文字[**ケイ**]

⑿ 大文字[**エル**]

この本では、めやすとして英語の発音をよく似たカタカナで表しています。

(13) 大文字[**エム**]

M

(14) 大文字[**エン**]

N

(15) 大文字[**オウ**]

O

(16) 大文字[**ピー**]

P

(17) 大文字[**キュー**]

Q

(18) 大文字[**アー**]

R

(19) 大文字[**エス**]

S

(20) 大文字[**ティー**]

T

(21) 大文字[**ユー**]

U

(22) 大文字[**ヴィー**]

V

(23) 大文字[**ダブリュー**]

W

(24) 大文字[**エックス**]

X

(25) 大文字[**ワイ**]

Y

(26) 大文字[**ズィー**]

Z

アルファベットには大文字と小文字が
あり、26ずつあります。

アルファベットの書き順に決まりはありません。この書き順は1つの例です。

アルファベットの練習 小文字

時間 15分　　月　　日

❶ aからzまで文字を順になぞったあと、自分で2回書きましょう。

(1)　小文字[**エイ**]

(2)　小文字[**ビー**]

(3)　小文字[**スィー**]

(4)　小文字[**ディー**]

(5)　小文字[**イー**]

(6)　小文字[**エフ**]

(7)　小文字[**ヂー**]

(8)　小文字[**エイチ**]

(9)　小文字[**アイ**]

(10)　小文字[**ヂェイ**]

(11)　小文字[**ケイ**]

(12)　小文字[**エル**]

この本では、めやすとして英語の発音をよく似たカタカナで表しています。

3

(13)　小文字 [エム]

m

(14)　小文字 [エン]

n

(15)　小文字 [オウ]

o

(16)　小文字 [ピー]

p

(17)　小文字 [キュー]

q

(18)　小文字 [アー]

r

(19)　小文字 [エス]

s

(20)　小文字 [ティー]

t

(21)　小文字 [ユー]

u

(22)　小文字 [ヴィー]

v

(23)　小文字 [ダブリュー]

w

(24)　小文字 [エックス]

x

(25)　小文字 [ワイ]

y

(26)　小文字 [ズィー]

z

4本線の中にきれいに
書くように練習しよう。

アルファベットの書き順に決まりはありません。この書き順は１つの例です。

きほんのドリル 3。

Unit 1
自分のことを伝えよう

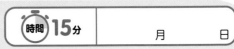

時間 15分　　月　　日

Part 1

◎ 国を表すことば

1 声に出しながら、文字をなぞって、1〜2回自分で書いてみましょう。

(1) 日本[ヂャパン]

国の名前は大文字で始めます。

Japan

(2) オーストラリア[オ(ー)ストゥレイリア]

【レ】を強く読むよ。

Australia

(3) アメリカ合衆国[ザ ユーエス]

the U.S.

(4) 中国[チャイナ]

【チャイ】はChiと書くよ。

China

(5) ロシア[ラシャ]

Russia

(6) 韓国[コリ(ー)ア]

Korea

(7) イタリア[イタリィ]

【リィ】はlyと書きます。

Italy

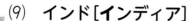

(8) フランス[**フ**ランス]

France

(9) インド[**イン**ディア]

India

(10) ブラジル[ブラ**ズ**ィル]

Brazil

(11) カナダ[**キャ**ナダ]

Canada

(12) ケニヤ[**ケ**ニャ]

Kenya

(13) ドイツ[**ヂャ**ーマニィ]

Germany

2 声に出して読んだあと、文をなぞりましょう。

I'm from [Iwate, Japan].
わたしは[日本の岩手]出身です。

ポイント

「わたしは〜です」と言うときは、I'm 〜.の形を使います。〜には名前、出身、職業などを表すことばを入れます。I'm from 〜.で、「わたしは〜出身です」と伝えられます。「わたしは〜に住んでいます」と言うときは、I live in 〜.の形を使います。

(1) わたしは日本の岩手出身です。[**アイム フ**ラ**ム イ**ワテ **ヂャ**パン]

I'm from Iwate, Japan.

(2) わたしはアメリカ合衆国(がっしゅうこく)に住んでいます。[**ア**イ **リ**ヴ **イン ザ ユーエ**ス]

I live in the U.S.

Unit 1
自分のことを伝えよう

◎ 得意なことを表すことば

1 声に出しながら、文字をなぞって、1〜2回自分で書いてみましょう。

(1) 走ること[**ラニング**]

【ランニング】とは読まないので注意しよう。

running

(2) 歌うこと[**スィンギング**]

singing

(3) おどること[**ダンスィング**]

dancing

(4) スキーをすること[**スキーイング**]

iを2つ続けて書くよ。

skiing

(5) 魚をつること[**フィッシング**]

fishing

(6) 料理をすること[**クッキング**]

oを2つ続けて書くよ。

cooking

(7) 縫うこと[**ソウイング**]

sewで【ソウ】と読みます。

sewing

(8) サッカー[**サ**（ー）カァ]

soccer

(9) 柔道[**ヂュードウ**]

日本語のままで通じるよ。

judo

(10) アイスホッケー[**アイス ハ**（ー）**キィ**]

ice hockey

(11) 日本美術[**ヂャパニーズ アート**]

Japanese art

(12) 日本食[**ヂャパニーズ フード**]

Japanese food

2 声に出して読んだあと、文をなぞりましょう。

I'm good at [running] .
わたしは [走ること] が得意です。
I'm interested in [dancing] .
わたしは [踊ること] に興味があります。

ポイント
「わたしは～が得意です」は、I'm good at ～. と言います。～の部分に、得意なこと、スポーツなどを入れます。「わたしは～に興味があります」は、I'm interested in ～.と言います。～の部分に、興味があることを入れます。

(1) わたしは走ることが得意です。[**アイム グダト ラニング**]

I'm good at running.

(2) わたしは踊ることに興味があります。
[**アイム インタレスティッド イン ダンスィング**]

I'm interested in dancing.

まとめの ドリル → 5。

時間 15分	合格 80点	/100

月　　日

サクッと こたえ あわせ

答え 65ページ

Unit 1
自分のことを伝えよう

1 表の中から例のように、単語を見つけましょう。4つかくれています。

20点（1つ5点）

K	o	r	w	C	h	A
e	e	B	l	a	i	g
n	F	r	a	n	c	e
y	J	a	p	a	n	j
a	d	z	q	d	s	k
b	m	i	t	a	z	v
I	t	l	h	u	U	f

例…

ヒント	
①	日本
②	カナダ
③	フランス
④	ブラジル

2 絵と日本語の意味に合う単語になるように、□に文字を書きましょう。

20点（1つ5点）

①

（走ること）

□□□ ning

②

（料理をすること）

□□□ king

③
（ドイツ）

 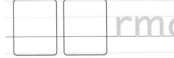
□□ rman □

④
（中国）

□□□ na

↓うらのページにつづくよ！

3 英文に合う絵になるように、●と●を線でつなぎましょう。

① 　　　　　　　　　② 　　　　　　　　　③

①	②	③
I'm from Korea. I'm interested in math.	I live in Italy. I'm good at P.E.	I'm from India. I'm interested in fishing.
●	●	●

●　　　　　　　　　●　　　　　　　　　●

イタリア　　　　　　　韓国　　　　　　　インド

●　　　　　　　　　●　　　　　　　　　●

●　　　　　　　　　●　　　　　　　　　●

4 日本語に合う英文になるように、①・②は □ に当てはまる単語を書き、③は
( )の中の単語を並べかえて文を完成させましょう。文の最初の文字は大文字で
書きましょう。

① わたしはアメリカ合衆国出身です。

＿＿＿＿＿＿＿＿＿＿＿ ＿＿＿＿＿＿＿＿＿＿＿ the U.S.

② わたしはリコーダーをふくことが得意です。

I'm ＿＿＿＿＿＿＿＿＿ ＿＿＿＿＿＿＿＿＿ playing the recorder.

③ わたしは歌うことに興味があります。
(singing / in / . / interested / I'm)

＿＿＿＿＿＿＿＿＿＿＿＿＿＿＿＿＿＿＿＿＿＿＿＿＿＿＿＿＿

＿＿＿＿＿＿＿＿＿＿＿＿＿＿＿＿＿＿＿＿＿＿＿＿＿＿＿＿＿

Unit 2
日本について話そう

 時間 15分 ｜ 月　　　日

◎ 季節、行事を表すことば

1 声に出しながら、文字をなぞって、1～2回自分で書いてみましょう。

　(1)　春[スプリング]

spring

　(2)　夏[サマァ]

mを2つ続けて書きます。

summer

(3)　秋[フォール]

「秋」はautumn【オータム】ともいうよ。

　fall

　(4)　冬[ウィンタァ]

winter

(5)　ひな祭り[ダ(ー)ル フェスティヴァル]

dollは「人形」、festivalは「祭り」という意味だよ。

Doll Festival

(6)　花見[ハナミ]

「月見」も日本語のままtsukimi【ツキミ】と伝えられるよ。

　hanami

(7)　こどもの日[チルドゥレンズ デイ]

childrenは「こどもたち」、dayは「日、1日」という意味です。

　Children's Day

(8) 七夕祭り[スター フェスティヴァル]

starは「星」という意味だよ。

Star Festival

(9) 花火大会[ファイアワークス フェスティヴァル]

firework「花火」のiは【アイ】と発音します。

fireworks festival

(10) 夏祭り[サマァ フェスティヴァル]

summer festival

(11) 雪祭り[スノウ フェスティヴァル]

snowは「雪」という意味だよ。

snow festival

(12) お正月[オショーガツ]

oshogatsu

2 声に出して読んだあと、文をなぞりましょう。

What season do you like?
あなたは何の季節が好きですか。
In spring, we have Children's Day **.**
春には、 こどもの日 があります。

ポイント
「あなたは何の〜が好きですか」と相手にたずねるときは、What 〜 do you like?と言います。
「〜があります」と行事を伝えるときは、we have 〜 と言います。In ＋[季節・月]で、行事のある季節や月を一緒に伝えましょう。

(1) あなたは何の季節が好きですか。[(フ)ワット スィーズン ドゥ ユー ライク]

What season do you like?

(2) 春には、こどもの日があります。[イン スプリング ウィー ハヴ チルドゥレンズ デイ]

In spring, we have Children's Day.

Unit 2
日本について話そう

Part 2

◎ 季節の行事を表すことば

1 声に出しながら、文字をなぞって、1〜2回自分で書いてみましょう。

(1)　盆踊り[ボン オドリ]

bon-odori

(2)　月見[ツキミ]

tsukimi

(3)　紅葉狩り[モミヂガリ]

momijigari

(4)　七五三[シチ ゴ サン]

shichi-go-san

(5)　節分[セツブン]

setsubun

(6)　阿波踊り[アワ オドリ]

Awa-odori

(7)　さっぽろ雪まつり[サッポロ スノウ フェスティヴァル]

Sapporo Snow Festival

「ソバ」は日本語のまま soba[ソバ]で通じるよ。

(8) ソバ[ソバ]

soba

(9) すき焼き[スキヤキ]

sukiyaki

(10) 伝統的なお菓子[トゥラディショヌル スウィーツ]

traditionalは[ディ]を強く読むよ。

traditional sweets

(11) 伝統的な食べ物[トゥラディショヌル フーズ]

traditional foods

(12) 落語[ラクゴ]

rakugo

2 声に出して読んだあと、文をなぞりましょう。

In Japan, you can eat sushi **.**
日本で、あなたは すしを食べる ことができます。

ポイント
「[場所]で、あなたは〜することができます」と伝えるときは、In＋[場所], you can 〜.と言います。canは動作を表すことばの前に置かれ、「〜できる」という意味をつけ足します。

日本で、あなたはすしを食べることができます。
[**イン** ヂャパン **ユー キャン イート** スシ]

In Japan, you can eat sushi.

時間 **15分** 合格 **80点** /100 月　　日

答え 65、66 ページ

サクッと
こたえ
あわせ

Unit 2
日本について話そう

1 絵に合う単語になるように、●と●を線でつなぎましょう。　20点(1つ5点)

① ● ・ rak ・ ・ ll

② ● ・ sum ・ ・ ugo

③ ● ・ fa ・ ・ kimi

④ ● ・ tsu ・ ・ mer

2 絵と日本語の意味に合う単語になるように、□に文字を書きましょう。

20点(1つ5点)

① ひな祭り

D □□□ Festival

② こどもの日

C □□□ dren's Day

③ 花火大会

f □□□ works festival

④ 伝統的なお菓子

traditional □ w □□ ts

↓うらのページにつづくよ！

15

3 絵に合うように、下の◻️から当てはまる単語を選び、日本の行事を紹介する文を完成させましょう。同じ単語は1度しか使えません。使わない単語もふくまれています。文の最初の文字は大文字で書きましょう。　30点（1つ10点）

① ＿＿＿＿＿＿＿＿＿＿＿ ＿＿＿＿＿＿＿＿＿＿＿ ,

we have *hanami*.

② You ＿＿＿＿＿＿＿＿＿＿＿ ＿＿＿＿＿＿＿＿＿＿＿

snow art.

③ ＿＿＿＿＿＿＿＿＿＿＿ ＿＿＿＿＿＿＿＿＿＿＿

Star Festival.

we / in / have / spring / see / can / eat

4 ①は（　）内の指示に従って英文を書きかえたときに◻️に当てはまる単語を書き、②・③は日本語に合う英文になるように、（　）の中の単語を並べかえて文を完成させましょう。文の最初の文字は大文字で書きましょう。　30点（1つ10点）

① In Japan, you visit a shrine. （「～できます」という意味の文に）

In Japan, you ＿＿＿＿＿＿＿＿＿＿＿ ＿＿＿＿＿＿＿＿＿＿＿ a shrine.

② 冬には、雪祭りがあります。(winter / , / have / in / we)

＿＿＿＿＿＿＿＿＿＿＿ a snow festival.

③ あなたは何の季節が好きですか。
(season / you / like / ? / do / what)

＿＿＿＿＿＿＿＿＿＿＿

Unit 3
一日の生活について話そう

Part 1

◎ 一日の生活ですることを表すことば

1 声に出しながら、文字をなぞって、1〜2回自分で書いてみましょう。

(1) 宿題をする[**ドゥー マイ ホウムワーク**]

do my homework

(2) テーブルをセットする[**セット ザ テイブル**]

set the table

(3) テーブルを片付ける[**クリア ザ テイブル**]

clear the table

(4) ネコにえさを与える[**フィード ザ キャット**]

feed the cat

(5) 自分の部屋をそうじする[**クリーン マイ ルーム**]

roomは「部屋」という意味です。

clean my room

(6) くつを洗う[**ワ(ー)ッシ マイ シューズ**]

washは「洗う」という意味だよ。

wash my shoes

(7) 家を出る[**リーヴ マイ ハウス**]

leave my house

(8) 起きる[ゲ**タ**プ]

get up

(9) テレビを見る[**ワ**(ー)ッチ ティー**ヴィ**ー]

TV「テレビ」は大文字で書くよ。

watch TV

(10) 歯をみがく[ブラッシ **マイ ティ**ース]

「1本の歯」はtooth【**トゥ**ース】です。

brush my teeth

(11) テレビゲームをする[プレイ **ヴィ**ディオウ ゲイムズ]

play video games

2 声に出して読んだあと、文をなぞりましょう。

What time do you get up **?**

あなたは何時に 起き ますか。

ポイント

「あなたは何時に〜しますか」とたずねるときはWhat time do you 〜?と言います。I 〜 at＋時こく.で答えましょう。

あなたは何時に起きますか。
[(フ)**ワ**ット **タ**イム ドゥ **ユ**ー ゲ**タ**プ]

What time do you get up?

Unit 3
一日の生活について話そう

時間 15分　　　月　　日

◎ 一日の生活ですることを表すことば

1 声に出しながら、文字をなぞって、1〜2回自分で書いてみましょう。

(1) 顔を洗う[**ワ**(ー)**ッシ マイ フェイス**]

faceは「顔」という意味だよ。

wash my face

(2) 朝食を食べる[**イート ブレックファスト**]

eat breakfast

(3) 登校する[**ゴウ トゥー スクール**]

go to school

(4) 昼食を食べる[**イート ランチ**]

eat lunch

(5) 算数を勉強する[**スタディ マス**]

studyは「勉強する」という意味です。

study math

(6) 帰宅する[**ゴウ ホウム**]

homeは「家(に)」という意味だよ。

go home

(7) 授業がある[**ハヴ クラースィズ**]

have classes

(8) イヌの散歩をする[**ウォーク ザ ド(ー)グ**]

walk the dog

(9) 花に水をやる[**ウォータァ ザ フラウアズ**]

waterは「水をやる」という意味だよ。

water the flowers

(10) 夕食を作る[**クック ディナァ**]

cook dinner

(11) ふろに入る[**テイカ バス**]

take aは[テイカ]とつなげて読むよ。

take a bath

(12) ねる[**ゴウ トゥー ベッド**]

go to bed

---

2 声に出して読んだあと、文をなぞりましょう。

I always cook dinner **.**
わたしはいつも 夕食を作ります 。

ポイント
「わたしは〜します」と伝えるときは、I 〜.の形を使います。〜には、一日の生活ですることを表すことばを入れましょう。

わたしはいつも夕食を作ります。
[**アイ オールウェイズ クック ディナァ**]

I always cook dinner.

20

きほんのドリル 11。

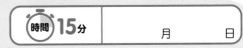
Unit 3 Part 3
一日の生活について話そう

◉ 一日の生活ですること、頻度を表すことば

1 声に出しながら、文字をなぞって、1〜2回自分で書いてみましょう。

(1) 野球をする［プレイ ベイスボール］

play baseball

(2) 食器を洗う［ワ（ー）ッシ ザ ディッシズ］

dishは「皿」という意味だよ。

wash the dishes

(3) 新聞を取りに行く［ゲット ザ ヌーズペイパァ］

newspaperのsは【ズ】と発音します。

get the newspaper

(4) ゴミ出しをする［テイク アウト ザ ガービヂ］

garbageは「ゴミ」という意味だよ。

take out the garbage

(5) ふろをそうじする［クリーン ザ バス］

bathのthは【ス】と読むよ。

clean the bath

(6) 図書館へ行く［ゴウ トゥー ザ ライブレリィ］

go to the library

(7) 友だちと遊ぶ［プレイ ウィズ マイ フレンズ］

play with my friends

(8)　いつも［**オールウェイズ**］

0　　100

always

(9)　たいてい［**ユージュ（ア）リィ**］

0　　100

usually

(10)　ときどき［**サムタイムズ**］

0　　100

sometimes

(11)　まったく～ない［**ネヴァ**］

0　　100

never

2 声に出して読んだあと、文をなぞりましょう。

I always clean the bath.
わたしは いつも ふろを 洗います。
I never wash the dishes.
わたしは まったく 食器を 洗い ません。

ポイント

「わたしはいつも（たいてい、ときどき）～します」と言うときはI＋頻度を表すことば＋～.の順で表します。「まったく～しません」はneverを使います。

(1)　わたしはいつもふろを洗います。
　　　［**アイ オールウェイズ クリーン ザ バス**］

I always clean the bath.

(2)　わたしはまったく食器を洗いません。
　　　［**アイ ネヴァ ワ（ー）ッシ ザ ディッシズ**］

I never wash the dishes.

Unit 3
一日の生活について話そう

1 絵に合う表現になるように、● と ● を線でつなぎましょう。　　32点(1つ8点)

① ●　　● do ●　　　● the bath

② ●　　● clean ●　　● my homework

③ ●　　● go ●　　　● breakfast

④ ●　　● eat ●　　　● to the library

2 例にならって、正しい単語に直しましょう。まちがいはそれぞれ1か所ずつあります。　　18点(1つ6点)

例 算数を勉強する

st~~a~~dy math

study math

① 顔を洗う

wosh my face

② 帰宅する

go homu

③ ふろに入る

teke a bath

↓うらのページにつづくよ！　23

3 家での手伝いについて発表をしています。手伝いの絵とその頻度（ひんど）を表すグラフを参考にして、◻️に当てはまる単語を下の◻️から選び、文を完成させましょう。同じ単語は1度しか使えません。文の最初の文字は大文字で書きましょう。

30点（1つ10点）

①	②	③
0　　　　100	0　　　　100	0　　　　100

① I _____ set the _____ .

② I _____ _____ the newspaper.

③ _____ _____ take out the garbage.

usually / always / never / get / table / I

4 例にならって、絵の男の子になったつもりで質問に答えましょう。文の最初の文字は大文字で書きましょう。

20点（1つ10点）

例 What time do you walk the dog?

I walk the dog at 5:00.

① What time do you get up?

_____

② What time do you go to bed?

_____

24

サクッと
こたえ
あわせ

答え **67** ページ

Unit 1～Unit 3

⭐**1** しりとりになるように、①～④の□に文字を書きましょう。　　20点(1つ5点)

①

 （中国）

② 0　　100 （いつも）

□□ in □　　➡　□ lwa □□

③  （夏）

④  （ロシア）

s □□□ er　　➡　□□ s □ ia

⭐**2** 読み方をヒントにして、（　）の中の文字を並(なら)べかえ、右の絵に合う単語を作りましょう。　　20点(1つ5点)

① (r, i, w, e, n, t) [**ウィンタァ**]

_____

② (c, d, n, n, i, g, a) [**ダンスィング**]

_____

③ (e, y, r, G, a, n, m) [**ヂャーマニィ**]

_____

④ (b, a, a, l, b, s, l, e) [**ベイスボール**]

_____

⬇うらのページにつづくよ!

3 絵に合うように、下の◯◯から当てはまる単語を選び、文を完成させましょう。同じ単語は1度しか使えません。使わない単語もふくまれています。文の最初の文字は大文字で書きましょう。

30点(1つ10点)

① _____ _____

Australia.

② I _____ _____

out the garbage.

③ _____ spring, we

_____ Doll Festival.

in / take / have / you / from / usually / I'm

4 日本語に合う英文になるように、◯◯に当てはまる単語を書きましょう。文の最初の文字は大文字で書きましょう。

30点(1つ10点)

① 日本で、あなたは桜の花を楽しむことができます。

In Japan, _____ _____ enjoy

cherry blossoms.

② あなたは何時に起きますか。

_____ _____ _____

you get up?

③ わたしは走ることが得意です。

_____ _____ _____ running.

Unit 4
したことについて話そう

◉ 楽しんだこと、場所、町、食べ物などを表すことば

① 声に出しながら、文字をなぞって、1〜2回自分で書いてみましょう。

(1) おどること [**ダ**ンスィング]

dancing

(2) キャンプをすること、キャンプ [**キャ**ンピング]

camping

(3) バーベキュー [**バ**ーベキュー]

最後のeを忘れないように注意しましょう。

barbecue

(4) 花火 [**ファ**イアワークス]

iは[アイ]と発音するよ。

fireworks

(5) 競技場、スタジアム [ス**テ**イディアム]

stadium

(6) 水族館 [アク**ウェ**(ア)リアム]

aquarium

(7) プール [ス**ウィ**ミング プール]

pool「プール」はoを2つ続けて書くよ。

swimming pool

Hawaii「ハワイ」は最後にiを2つ続けて書くよ。

(8) ハワイ[ハ**ワー**イー]

Hawaii

(9) 京都[**キョー**ト]

Kyoto

(10) ホットドッグ[**ハ**(ー)**ット ドー**グ]

【ホットドッグ】とは読まないので注意しましょう。

hot dog

(11) かき氷[**シェイヴド アイス**]

shaved ice

(12) スイカ[**ウォー**タメロン]

watermelon

2 声に出して読んだあと、文をなぞりましょう。

What did you do in summer **?**
あなたは 夏に 何をしましたか。
What did you do there **?**
あなたは そこで 何をしましたか。

ポイント
「あなたは〜何をしましたか」と相手にたずねるときはWhat did you do 〜?と言います。〜には、季節や場所を表すことばを入れましょう。

(1) あなたは夏に何をしましたか。[(フ)**ワット ディジュ ドゥー イン サ**マァ]

What did you do in summer?

(2) あなたはそこで何をしましたか。[(フ)**ワット ディジュ ドゥー ゼ**ア]

What did you do there?

Unit 4
したことについて話そう

Part 2

◉ 今よりも前の動作、自然、楽しんだことなどを表すことば

1 声に出しながら、文字をなぞって、1～2回自分で書いてみましょう。

(1)　〜に行った［**ウェントゥー**］

went to

(2)　楽しんだ［**インヂョイド**］

enjoyed

(3)　食べた［**エイト**］

ate

(4)　見た、会った［**ソー**］

saw

(5)　海［**スィー**］

大きな「海」はocean
【**オウシャン**】とも言います。

sea

(6)　川［**リヴァ**］

【ヴァ】はvarではなく、
verと書くよ。

river

(7)　山［**マウントゥン**］

mountain

Mt. は Mount【マウント】
の省略形だよ。

(8) 富士山[マウント フジ]

Mt. Fuji

(9) ホエールウォッチング[(フ)ウェイル ワ(ー)ッチング]

 whaleは「クジラ」、watchingは「(じっ
と)観察すること」という意味だよ。

whale watching

(10) スキーをすること、スキー[スキーイング]

skiing

(11) つりをすること、魚つり[フィッシング]

fishing

(12) ＳＤＧｓキャンプ[エス ディー ヂーズ キャンプ]

SDGs camp

2 声に出して読んだあと、文をなぞりましょう。

I went to the sea **.**
わたしは 海 に行きました。
I enjoyed fishing **.**
わたしは 魚つり を楽しみました。

> **ポイント**
> 「～しました」と今より前にした動作を伝え
> るとき、語の形が変わります。go-went
> (行く－行った)、enjoy-enjoyed(楽しむ
> －楽しんだ)、eat-ate(食べる－食べた)、
> see-saw(見る－見た)と変化します。

(1) わたしは海に行きました。[アイ ウェントゥー ザ スィー]

I went to the sea.

(2) わたしは魚つりを楽しみました。[アイ インヂョイド フィッシング]

I enjoyed fishing.

きほんの
ドリル
16。

Unit 4
したことについて話そう

時間 15分　　月　　日

Part 3

◎ 感想を表すことば

1 声に出しながら、文字をなぞって、1～2回自分で書いてみましょう。

(1) むずかしい[**ハード**]

hard

(2) 楽しい[**ファン**]

fun

(3) すばらしい[**グレイト**]

 eaは【エイ】と発音するよ。

great

(4) よい[**グッド**]

 oが2つ続くよ。

good

(5) つかれた[**タイアド**]

 iは【アイ】と発音します。

tired

(6) わくわくさせる[イク**サイ**ティング]

exciting

(7) とてもおいしい[ディ**リ**シャス]

 【リ】を強く読むよ。

delicious

(8) あつい[**ハ(ー)ット**]

cold「さむい」も覚えよう。

hot

(9) すてきな[**ナイス**]

iは【アイ】と発音するよ。

nice

(10) おもしろい[**インタレスティング**]

interesting

(11) すばらしい[**ワンダフル**]

wonderful

2 声に出して読んだあと、文をなぞりましょう。

How was it?
それはどうでしたか。
— **It was** great .
　　それは すばらし かったです。

ポイント
「それはどうでしたか」と相手に感想をたずねるときはHow was it?と言います。It was ～.で答えましょう。～には、感想を表すことばが入ります。

(1) それはどうでしたか。[**ハウ ワズ イット**]

How was it?

(2) それはすばらしかったです。[**イット ワズ グレイト**]

It was great.

Unit 4
したことについて話そう

1 表の中から例のように、単語を見つけましょう。4つかくれています。

20点（1つ5点）

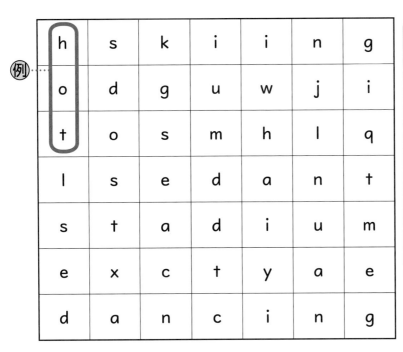

2 □内のカードを組み合わせて、①〜④の日本語に合う単語を作りましょう。使わないカードもふくまれています。

20点（1つ5点）

① 川

② むずかしい

③ 山

④ つかれた

var	ha	tain	red	ver
moun	ti	rd	ri	mau

↓うらのページにつづくよ！

3 英文に合う絵になるように、●と●を線でつなぎましょう。　　30点（1つ10点）

①	②	③
I went to the sea. I saw a whale. ●	I enjoyed fishing. It was exciting. ●	I ate watermelon. It was delicious. ●

4 日本語に合う英文になるように、 _____ に当てはまる単語を書きましょう。文の最初の文字は大文字で書きましょう。　　30点（1つ6点）

① わたしは京都に行きました。

I _____ _____ Kyoto.

② わたしはかき氷を食べました。

I _____ shaved ice.

③ わたしは花火を見ました。

I _____ fireworks.

④ それはすばらしかったです。（③に続いて）

It _____ wonderful.

⑤ わたしはキャンプを楽しみました。

_____ _____ camping.

Unit 5
生き物のことを伝えよう

Part 1

◉ 自然、生き物を表すことば

1 声に出しながら、文字をなぞって、1〜2回自分で書いてみましょう。

(1) 木の実、ナッツ［**ナッツ**］

nuts

(2) 草、牧草［グラス］

grass

> sを2つ続けて書くよ。

(3) 海そう［**スィーウィード**］

seaweed

(4) サバンナ［サバナ］

savanna

> nを2つ続けて書きます。

(5) フクロウ［**アウル**］

owl

> oは【オ】ではなく【ア】と発音します。

(6) ライオン［ライオン］

lion

(7) クマ［**ベア**］

bear

(8) コアラ[コウ**ア**ーラ]

【ア】を強く読むよ。

koala

(9) パンダ[**パ**ンダ]

panda

(10) トラ[**タ**イガァ]

iは【アイ】と発音するよ。

tiger

(11) ゴリラ[ゴ**リ**ラ]

【リ】を強く読みます。

gorilla

(12) ゾウ[**エ**レファント]

elephant

2 声に出して読んだあと、文をなぞりましょう。

Eagles eat snakes .

ワシは ヘビ を食べます。

ポイント

「(生き物)が〜を食べます」というときは、生き物の複数形＋eat 〜.の形を使います。〜には、生き物や自然を表すことばを入れましょう。

ワシはヘビを食べます。
[**イ**ーグルズ **イ**ート ス**ネ**イクス]

Eagles eat snakes.

◎ 生き物を表すことば

❶ 声に出しながら、文字をなぞって、1〜2回自分で書いてみましょう。

(1) カエル［フラ（ー）ッグ］

frog

【ゼブラ】とは読まないので注意しましょう。

(2) シマウマ［ズィーブラ］

zebra

(3) クジラ［（フ）ウェイル］

whale

(4) イルカ［ダ（ー）ルフィン］

dolphin

(5) 魚［フィッシ］

fish

【ペ】を強く発音するよ。

(6) ペンギン［ペングウィン］

penguin

(7) ウミガメ［スィー タートゥル］

sea turtle

(8) ヘビ[スネイク]

snake

(9) キリン[ヂラフ]

giraffe

(10) サル[マンキィ]

【モンキー】とは読まない
ので注意しよう。

monkey

(11) カンガルー[キャンガルー]

kangaroo

(12) キリギリス、バッタ[グラスハ(ー)パァ]

grasshopper

② 声に出して読んだあと、文をなぞりましょう。

I live in the forest .
わたしは 森 に住んでいます。

ポイント

「わたしは〜に住んでいます」
と言うときはI live in 〜.と
言います。〜には、場所を表
すことばを入れましょう。

わたしは森に住んでいます。
[**アイ リヴ イン ザ フォーレスト**]

I live in the forest.

まとめの
ドリル
20

時間 15分 | 合格 80点 | /100

月　日

サクッと
こたえ
あわせ

答え 68ページ

Unit 5
生き物のことを伝えよう

1 絵と日本語の意味に合う英単語になるように、□に文字を書きましょう。

16点（1つ4点）

① シマウマ

□ □ □ ra

② クジラ

□ □ □ le

③ サル

m □ nk □ □

④ ウミガメ

sea t □ □ t □ □

2 例にならって、正しい単語に直しましょう。

12点（1つ4点）

例 フクロウ

~~awl~~

owl

① トラ

tigar

② コアラ

coala

③ 海そう

seawead

↓うらのページにつづくよ！

3 ▢のメモを参考にして、▢に当てはまる単語を下の▢から選び、動物の紹介文を完成させましょう。同じ単語は1度しか使えません。　　　32点（1つ8点）

クマ
●森に住んでいる
●ナッツを食べる

① I live in the _____.

② I eat _____.

イルカ
●海に住んでいる
●魚を食べる

③ I live in the _____.

④ I eat _____.

fish / forest / sea / nuts

4 日本語に合う英文になるように、①・②は▢に当てはまる単語を書き、③・④は（　）の中の単語を並べかえて文を完成させましょう。文の最初の文字は大文字で書きましょう。　　　40点（1つ10点）

① ゾウはサバンナに住んでいます。

_____ _____ in the savanna.

② バッタは草を食べます。

Grasshoppers _____ _____.

③ ペンギンは島に住んでいます。(the island / . / penguins / on / live)

_____

④ パンダは葉を食べます。(leaves / eat / . / pandas)

_____

Unit 6
行きたい国について話そう

Part 1

◉ 国を表すことば

1 声に出しながら、文字をなぞって、1〜2回自分で書いてみましょう。

国の名前は大文字で始めます。

(1) 日本[ヂャパン]

Japan

(2) イタリア[**イタ**リィ]

Italy

(3) ブラジル[ブラ**ズィ**ル]

Brazil

(4) 中国[**チャ**イナ]

China

(5) イギリス[ザ ユー**ケイ**]

the U.K.

(6) ペルー[ペ**ルー**]

Peru

【レ】を強く読むよ。

(7) オーストラリア[オ(ー)ストゥ**レ**イリア]

Australia

(8) エジプト［**イーヂプト**］

Egypt

【エジプト】とは読まない
ので注意しよう。

(9) インド［**インディア**］

India

(10) フランス［**フランス**］

France

(11) カナダ［**キャナダ**］

Canada

【カナダ】とは読まないの
で注意しましょう。

(12) スペイン［**スペイン**］

Spain

aiで【エイ】と読むよ。

2 声に出して読んだあと、文をなぞりましょう。

In Italy, you can visit Rome **.**

イタリアで、
あなたは ローマ を訪（おとず）れることができます。

ポイント

「〜で、あなたは〜することが
できます」と言うときは、In
〜, you can 〜.の形を使いま
す。canは動作を表すことばの
前に置かれ、「〜できる」という
意味をつけ足します。

イタリアで、あなたはローマを訪れることができます。
［**イン イタリィ ユー キャン ヴィ**ズィット **ロ**ウム］

In Italy, you can visit Rome.

Unit 6
行きたい国について話そう

◉ 国、動作を表すことば

1 声に出しながら、文字をなぞって、1〜2回自分で書いてみましょう。

(1) 訪れる[**ヴィズィット**]

visit

(2) 見る、見える[**スィー**]

eを2つ続けて書きます。

see

(3) 食べる[**イート**]

eat

(4) 飲む[ドゥ**リンク**]

drink

(5) 買う[**バイ**]

uyは【アイ】と発音するよ。

buy

(6) アメリカ合衆国[ザ ユーエス]

the U.S.

(7) 韓国[コリ(ー)ア]

Korea

(8) ケニア［**ケニャ**］

Kenya

(9) ロシア［**ラシャ**］

【ロシア】とは読まないので注意しよう。

Russia

(10) フィンランド［**フィンランド**］

Finland

(11) タイ［**タイランド**］

Thailand

(12) ニュージーランド［**ヌ（ー）ズィーランド**］

New Zealand

2 声に出して読んだあと、文をなぞりましょう。

Where do you want to go?
あなたはどこに行きたいですか。
—**I want to go to** the U.S.
わたしは アメリカ合衆国(がっしゅうこく) に行きたいです。

ポイント
Where do you want to go?で、「どこに行きたいですか」と相手にたずねられます。whereは「どこに」を意味します。I want to go to＋場所.で答えましょう。

(1) あなたはどこに行きたいですか。［(フ)**ウェア** ドゥ **ユー ワ（ー）**ントゥ **ゴウ**］

Where do you want to go?

(2) わたしはアメリカ合衆国に行きたいです。
　　［**アイ ワ（ー）**ントゥ **ゴウ** トゥー ザ ユー**エス**］

I want to go to the U.S.

時間 **15分** | 合格 **80点** | /100 | 月　日

サクッと
こたえ
あわせ

答え **68、69** ページ

Unit 6
行きたい国について話そう

1 絵を見ながら、①～④の空いているところに文字を入れ、パズルを完成させましょう。

20点（1つ5点）

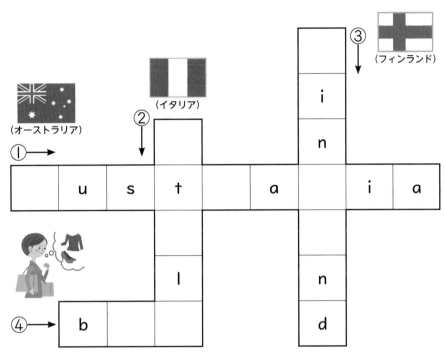

2 □内のカードを組み合わせて、①～④の日本語に合う単語を作りましょう。

20点（1つ5点）

① ペルー

② ブラジル

③ エジプト

④ スペイン

| Pe | Egy | Sp | pt |
| zil | ain | ru | Bra |

↪うらのページにつづくよ！

3 絵に合うように、下の□□から当てはまる単語を選び、文を完成させましょう。同じ単語は1度しか使えません。使わない単語もふくまれています。文の最初の文字は大文字で書きましょう。

① _____ do you want to go?

② I want to _____ to the U.S.

③ You can _____ pizza.

④ In the U.K., you _____ drink tea.

go / eat / play / can / what / where

4 ①・②は（　）内の指示に従って英文を書きかえたときに□□に当てはまる単語を書き、③は日本語に合う英文になるように、（　）の中の単語を並べかえて文を完成させましょう。文の最初の文字は大文字で書きましょう。　24点(1つ8点)

① I go to India. （「〜したいです」という意味の文に）

I _____ _____ _____ to India.

② In Kenya, you see giraffes. （「〜できます」という意味の文に）

In Kenya, you _____ _____ giraffes.

③ あなたはマチュピチュを訪れることができます。
（ visit / . / Machu Picchu / can / you ）

_____

冬休みの
ホームテスト
24。

時間 15分 ┃ 合格 80点 ┃ /100 ┃ 月 日

サクッと
こたえ
あわせ

答え 69、70ページ

Unit 4～Unit 6

1 絵を見ながら、①～④の空いているところに文字を入れ、パズルを完成させましょう。

20点（1つ5点）

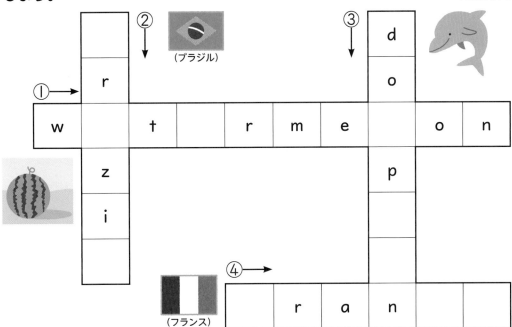

（ブラジル）

（フランス）

2 絵に合う単語になるように、●と●を線でつなぎましょう。　20点（1つ5点）

① ・ 　　・ shaved ・ 　　・ watching

② ・ 　　・ whale ・ 　　・ works

③ ・ 　　・ sea ・ 　　・ ice

④ 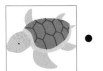 ・ 　　・ fire ・ 　　・ turtle

↓うらのページにつづくよ！

47

3 右の日本語に合う英文を線でつなぎましょう。 　　　　　20点（1つ5点）

① We saw Mt. Fuji.
It was great. ・ ・ わたしはホットドッグを
食べました。

② I want to go to
the U.K. ・ ・ わたしたちは富士山を見ました。
それはすばらしかったです。

③ I live in the sea. ・ ・ わたしは海に住んでいます。

④ I ate a hot dog. ・ ・ わたしはイギリスに行きたいです。

4 日本語に合う英文になるように、①・②は◻から3語ずつ選び、③・④は（　）の中の単語を並べかえて文を完成させましょう。文の最初の文字は大文字で書きましょう。　　　　　40点（1つ10点）

① あなたはどこに行きたいですか。わたしはペルーに行きたいです。

go / do / what / visit / where / to

＿＿＿＿＿＿＿＿＿＿＿＿＿＿

＿＿＿＿＿＿＿＿＿＿＿＿ do you want to go?

I want to ＿＿＿＿＿＿＿＿＿ ＿＿＿＿＿＿＿＿＿ Peru.

② わたしは水族館に行きました。

to / we / go / went / I / enjoyed

＿＿＿＿＿＿ ＿＿＿＿＿＿ ＿＿＿＿＿＿ the aquarium.

③ あなたはそこで何をしましたか。
(do / there / what / ? / did / you)

＿＿＿＿＿＿＿＿＿＿＿＿＿＿＿＿＿＿＿＿＿＿＿

④ 中国で、あなたは万里の長城を訪れることができます。
In China, (the Great Wall / you / visit / . / can)

＿＿＿＿＿＿＿＿＿＿＿＿＿＿＿＿＿＿＿＿＿＿＿

48

時間 15分 ・ 月 日

Unit 7
Part 1
したいこと・なりたいものについて話そう

◎ 部活を表すことば

❶ 声に出しながら、文字をなぞって、1〜2回自分で書いてみましょう。

(1) 美術部［アート クラブ］

art club

(2) ブラスバンド、吹奏楽部^{すいそうがく}［ブラス バンド］　sを2つ続けて書くよ。

brass band

(3) コンピューター部［コンピュータァ クラブ］

computer club

(4) ダンス部［ダンス クラブ］

dance club

(5) 演劇部^{えんげき}［ドゥラーマ クラブ］　dramaは［ドラマ］と読まないので注意しよう。

drama club

(6) 剣道部^{けんどう}［ケンドー クラブ］　kendoは日本語のままで通じます。

kendo club

(7) 科学部［サイエンス クラブ］

science club

49

newspaper の s は【ズ】と発音するよ。

(8) 新聞部［**ヌーズペイパァ クラブ**］

newspaper club

(9) サッカー部［**サ（ー）カァ ティーム**］

soccer team

(10) バレーボール部［**ヴァ（ー）リボール ティーム**］

volleyball team

(11) 野球部［**ベイスボール ティーム**］

baseball team

(12) バスケットボール部［**バスケットボール ティーム**］

basketball team

2 声に出して読んだあと、文をなぞりましょう。

What club do you want to join?
あなたは何部に入りたいですか。
— **I want to join** the drama club **.**
わたしは演劇部に入りたいです。

> **ポイント**
> 「あなたは何部に入りたいですか」と相手にたずねるときは、What club do you want to join?と言います。I want to join 〜.で答えましょう。

(1) あなたは何部に入りたいですか。
［**（フ）ワット クラブ ドゥ ユー ワ（ー）ントゥ ヂョイン**］

What club do you want to join?

(2) わたしは演劇部に入りたいです。［**アイ ワ（ー）ントゥ ヂョイン ザ ドゥラーマ クラブ**］

I want to join the drama club.

時間 15分　　月　　日

Unit 7　Part 2
したいこと・なりたいものについて話そう

◉ 教科を表すことば

1 声に出しながら、文字をなぞって、1～2回自分で書いてみましょう。

(1) 算数 [**マス**]

thは【ス】と発音します。

math

(2) 英語 [**イングリッシ**]

Eは大文字で書くよ。

English

(3) 国語 [**ヂャパニーズ**]

Jは大文字で書くよ。

Japanese

(4) 理科 [**サイエンス**]

science

(5) 音楽 [**ミューズィック**]

music

(6) 体育 [**ピーイー**]

P.E.

(7) 書道 [**カリグラフィ**]

lは2つ続けて書くよ。

calligraphy

(8) 図画工作 [**アーツ アンド クラフツ**]

arts and crafts

(9) 社会 [**ソウシャル スタディズ**]

social studies

(10) 家庭科 [**ホウム イーコナ(ー)ミックス**]

home economics

(11) 道徳 [**モ(ー)ラル エヂュケイション**]

moral education

2 声に出して読んだあと、文をなぞりましょう。

What do you want to study?
あなたは何を勉強したいですか。
— **I want to study** math .
　わたしは 算数 を勉強したいです。

ポイント
「あなたは何を勉強したいですか」と相手にたずねるときは、What do you want to study?と言います。I want to study 〜.で答えましょう。

(1) あなたは何を勉強したいですか。
　　[(フ)**ワット ドゥ ユー ワ(ー)ントゥ スタディ**]

What do you want to study?

(2) わたしは算数を勉強したいです。
　　[**アイ ワ(ー)ントゥ スタディ マス**]

I want to study math.

◉ 職業を表すことば

1 声に出しながら、文字をなぞって、1〜2回自分で書いてみましょう。

(1) じゅう医［**ヴェット**］

vet

(2) デザイナー、設計者、図案家［ディ**ザイナ**ァ］

designer

(3) 芸術家、画家［**アー**ティスト］

artist

(4) 俳優（はいゆう）［**アク**タァ］

actor

> orは「〜する人」という意味を表すよ。

(5) 農場経営者、農家［**ファー**マァ］

farmer

> erは「〜する人」という意味を表します。

(6) 先生［**ティー**チャ］

teacher

(7) 医者［**ダ**（ー）クタァ］

doctor

(8) 花屋 [フ**ロ**(ー)リスト]

florist

(9) 宇宙飛行士 [**ア**ストゥロノート]

【ノート】はnautと書くよ。

astronaut

(10) 消防士 [**ファ**イアファイタァ]

firefighter

(11) サッカー選手 [**サ**(ー)カァ プ**レ**イア]

soccer player

(12) ロボットクリエイター [**ロ**ウバ(ー)ット クリ(ー)**エ**イタァ]

robot creator

❷ 声に出して読んだあと、文をなぞりましょう。

What do you want to be?
あなたは何になりたいですか。
— **I want to be a** doctor **.**
わたしは 医者 になりたいです。

ポイント
「あなたは何になりたいですか」と相手にたずねるときは、「〜になる」を意味するbeを使って、What do you want to be?と言います。I want to be 〜.で答えましょう。

(1) あなたは何になりたいですか。[(フ)**ワ**ット ドゥ **ユー ワ**(ー)ントゥ ビー]

What do you want to be?

(2) わたしは医者になりたいです。[**ア**イ **ワ**(ー)ントゥ ビー ア **ダ**(ー)クタァ]

I want to be a doctor.

まとめの
ドリル
28。
時間 15分　合格 80点　／100　月　日

サクッと
こたえ
あわせ

答え 70 ページ

Unit 7
したいこと・なりたいものについて話そう

1 絵と日本語の意味に合う単語になるように、□に文字を書きましょう。

28点(1つ7点)

① （国語）

Japa□ e□□

② （花屋）

□□□rist

③ （理科）

□□ien□e

④ （農場経営者、農家）

f□r□□r

2 例にならって、正しい単語に直しましょう。まちがいはそれぞれ1か所ずつあります。

21点(1つ7点)

例

kar

car

① blass band

② bet

③ newzpaper club

↓うらのページにつづくよ！

3 質問に合う答えを線でつなぎましょう。　　　　　　　　21点(1つ7点)

① What do you want to study? ●　　　● I want to join the art club.

② What do you want to be? ●　　　● I want to study home economics.

③ What club do you want to join? ●　　　● I want to be a designer.

4 日本語に合う英文になるように、①・②は[＿＿]に当てはまる単語を書き、③は[＿]から３語選び、文を完成させましょう。文の最初の文字は大文字で書きましょう。　　　　　　　　30点(1つ10点)

① あなたは何になりたいですか。

_____ do you want to _____?

② わたしは消防士になりたいです。（①に答えて）

_____ _____ _____

be a firefighter.

③ なぜですか。
Why?
―わたしは人びとを助けたいです。

| what / to / I / do / be / want |

― _____ _____ _____

help people.

Unit 8
思い出について話そう

◎ 学校行事を表すことば

1 声に出しながら、文字をなぞって、1～2回自分で書いてみましょう。

(1)　遠足、実地見学［**フィールド トゥリップ**］

tripは「旅行」という意味だよ。

field trip

(2)　ボランティア活動の日［**ヴァ（ー）ランティア デイ**］

volunteer day

(3)　運動会［**スポーツ デイ**］

sports day

(4)　入学式［**エントゥランス セレモウニィ**］

ceremonyは「式、儀式」という意味だよ。

entrance ceremony

(5)　卒業の日［**グラヂュエイション デイ**］

graduation day

(6)　学芸会［**ドゥラーマ フェスティヴァル**］

drama festival

(7)　音楽祭［**ミューズィック フェスティヴァル**］

musicのmuは【ミュー】と発音します。

music festival

(8) キャンプ旅行[**キャンピング トゥリップ**]

camping trip

(9) 芸術祭[**アート フェスティヴァル**]

art festival

(10) 水泳大会[**スウィミング ミート**]

swimming meet

(11) マラソン(大会)[**マラサ(ー)ン**]

marathon

2 声に出して読んだあと、文をなぞりましょう。

What's your best memory?
あなたのいちばんの思い出は何ですか。
— **My best memory is** our sports day .
わたしのいちばんの思い出は、
わたしたちの運動会 です。

ポイント
「あなたのいちばんの思い出は何ですか」と相手にたずねるときは、What's your best memory?と言います。My best memory is ～.で答えましょう。

(1) あなたのいちばんの思い出は何ですか。[(フ)**ワッツ ユア ベスト メモリィ**]

What's your best memory?

(2) わたしのいちばんの思い出は、わたしたちの運動会です。
[**マイ ベスト メモリィ イズ アウア スポーツ デイ**]

My best memory is our

sports day.

Unit 8
思い出について話そう

◉ 学校行事、様子、感想を表すことば

1 声に出しながら、文字をなぞって、1〜2回自分で書いてみましょう。

(1) 修学旅行、遠足［スクール トゥリップ］

school trip

(2) 大きい［ビッグ］

big

(3) 小さい［スモール］

最後にlを2つ続けて書くよ。

small

(4) 長い［ロ（ー）ング］

long

(5) 短い［ショート］

orは【オー】と発音します。

short

(6) 新しい［ヌー］

wをuと書かないように注意しよう。

new

(7) 古い［オウルド］

oは【オウ】と発音するよ。

old

(8) 新鮮な [フ**レ**ッシ]

fresh

(9) わくわくさせる [イク**サ**イティング]

ciは【サイ】と読むよ。

exciting

(10) 美しい [**ビュ**ーティフル]

beautiful

(11) おもしろい [**イ**ンタレスティング]

【イ】を強く発音するよ。

interesting

(12) 人気のある [**パ**(ー)ピュラァ]

popular

2 声に出して読んだあと、文をなぞりましょう。

We saw many temples .
わたしたちは たくさんのお寺 を見ました。

ポイント
We saw ～.のように、「だれが」→「どうした」→「何を」の順に単語を並べ、学校行事でしたことを伝えましょう。

わたしたちはたくさんのお寺を見ました。
[**ウィ**ー **ソ**ー **メ**ニィ **テ**ンプルズ]

We saw many temples.

時間 15分 ｜ 合格 80点 ／100

月 日

サクッと
こたえ
あわせ

答え 70、71 ページ

1 絵と日本語の意味に合う単語になるように、□に文字を書きましょう。

25点（1つ5点）

① 運動会

□□□ rts day

② 学芸会

d□□□ a festival

③ 遠足、実地見学

□□□ ld trip

④ 新鮮な
しんせん

fr□□□

⑤ 人気のある

po□ul□□

2 □内のカードを組み合わせて、①～③の単語と反対の意味の単語を作りましょう。

15点（1つ5点）

① big ⬌ ＿＿＿＿＿

② short ⬌ ＿＿＿＿＿

③ old ⬌ ＿＿＿＿＿

| all | ew | ng | n | lo | sm |

⬇うらのページにつづくよ！

61

3 メモを参考にして、[____] に当てはまる単語を下の[__]から選び、小学校の思い出を発表する文を完成させましょう。同じ単語は 1 度しか使えません。 30点(1つ5点)

トム

キャンプ旅行
●川に行った
●スイカを食べた

① My best memory is our

_____ .

② We _____ to the river.

③ We _____ watermelon.

ハルカ

音楽祭
●歌うことを楽しんだ
●おもしろかった

④ My best memory is our

_____ festival.

⑤ We _____ singing.

⑥ It _____ interesting.

was / ate / music / enjoyed / camping trip / went

4 日本語に合う英文になるように、[____] に当てはまる単語を書きましょう。文の最初の文字は大文字で書きましょう。 30点(1つ10点)

① あなたのいちばんの思い出は何ですか。

_____ _____ best memory?

② わたしのいちばんの思い出は、わたしたちの修学旅行です。(①に答えて)

_____ best memory _____

our school trip.

③ わたしたちは寺を見ました。それはすばらしかったです。(②に続いて)

We _____ a temple. It _____ great.

学年末の
ホームテスト
32。

時間 15分 | 合格 80点 | /100 | 月 日

サクッと
こたえ
あわせ
答え 71、72 ページ

Unit 7〜Unit 8

⭐ ❶ □内のカードを組み合わせて、①〜④の日本語に合う単語を作りましょう。

20点（1つ5点）

① 消防士

② 宇宙飛行士

③ 理科

④ マラソン

astro	sci	thon	mara
fighter	ence	naut	fire

⭐ ❷ 読み方をヒントにして、（　）の中の文字を並べかえ、右の絵に合う単語を作りましょう。

20点（1つ5点）

① (o, t, s, r, h,) [ショート]

② (t, a, s, r, i, t,) [アーティスト]

③ (g, E, h, l, s, n, i,) [イングリッシ]

④ (g, e, i, x, c, n, i, t,) [イクサイティング]

↓うらのページにつづくよ！

3 次の①・②の会話について、（　　）に入れるのに最も当てはまる単語または文を
ア～ウの中から１つ選び記号を〇で囲みましょう。　　　　　20点（1つ10点）

① A : (　　　　　　　　　　　　　) club do you want to join?
B : I want to join the dance club. I'm good at dancing.
ア　What's　　　　　　イ　Why　　　　　　ウ　What

② A : What do you want to be?
B : (　　　　　　　　　　　　　　　)
ア　Yes, I do. I want to make friends.
イ　I want to be a robot creator.
ウ　I want to study math.

4 日本語に合う英文になるように、□□□に当てはまる単語を書きましょう。文の最
初の文字は大文字で書きましょう。　　　　　40点（1つ10点）

① あなたは何を勉強したいですか。

_____ do you _____ to study?

② わたしは英語を勉強したいです。（①に答えて）

― _____ want to _____ _____.

③ あなたのいちばんの思い出は何ですか。

_____ _____ best memory?

④ わたしのいちばんの思い出は、わたしたちの音楽祭です。（③に答えて）

_____ best memory _____ our music

festival.

●ドリルやテストが終わったら、うしろの「がんばり表」に色をぬりましょう。
●まちがえたら、かならずやり直しましょう。「考え方」も読み直しましょう。

😊 5. 自分のことを伝えよう
9〜10ページ

1

K	o	r	w	C	h	A
e	e	B	l	a	i	g
n	F	r	a	n	c	e
y	J	a	p	a	n	j
a	d	z	q	d	s	k
b	m	i	t	a	z	v
I	t	l	h	u	U	f

例…K e n y a

【解答】①Japan　②Canada　③France　④Brazil

2

① running

② cooking

③ Germany

④ China

3

①	②	③
I'm from Korea. I'm interested in math.	I live in Italy. I'm good at P.E.	I'm from India. I'm interested in fishing.

イタリア　韓国　インド

4

① I'm　from

② good　at

③ I'm interested in singing.

考え方

2 ③④国の名前は大文字で書き始めます。

3 I'm from ～. は「わたしは～出身です」という意味です。

I live in ～. は「わたしは～に住んでいます」という意味です。

I'm good at ～. は「わたしは～が得意です」という意味です。～には、得意なこと、得意な教科、スポーツなどを入れましょう。

I'm interested in ～. は「わたしは～に興味があります」という意味です。

😊 8. 日本について話そう
15〜16ページ

1

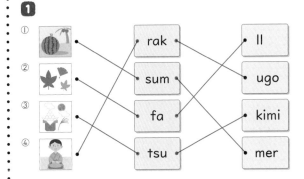

rak	ll
sum	ugo
fa	kimi
tsu	mer

【解答】①summer　②fall　③tsukimi　④rakugo

2

① Doll Festival

② Children's Day

③ fireworks festival

④ traditional sweets

3

① In   spring

② can   see

③ We   have

4

① can   visit

② In winter, we have

③ What season do you like?

考え方

3 ①③「～があります」と行事を伝えるとき は We have ～. と言います。
in＋〔季節・月〕で、行事のある季節 や月を一緒(いっしょ)に伝えられます。
②「あなたは～することができます」と行 事でできることを伝えるときは You can ～. と言います。

4 ①「～できる」という意味をつけ足すとき は、動作を表すことばの前にcanを置 きます。 you can ～ で「あなたは～す ることができます」という意味になり ます。
②「〔季節・月〕には、～があります」と行 事とその季節や月を伝えるときは In ＋〔季節・月〕, we have ～. と言いま す。 In＋〔季節・月〕のあとにカンマ (,)を忘(わす)れずにつけましょう。
③「あなたは何の季節が好きですか」は What season do you like? と言いま す。

1

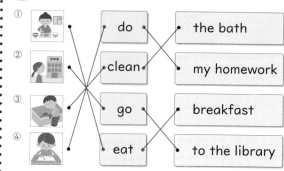

① ・ do ・ ・ the bath
② ・ clean ・ ・ my homework
③ ・ go ・ ・ breakfast
④ ・ eat ・ ・ to the library

【解答】①eat breakfast　②go to the library
③clean the bath　④do my homework

2

① wash my face

② go home

③ take a bath

3

① always ,   table

② usually   get

③ I   never

4

① I get up at 6:00.

② I go to bed at 9:30.

考え方

3 頻度(ひんど)を表すことば、always「いつも」、 usually「たいてい」、sometimes「とき どき」、never「まったく～ない」を覚え ましょう。

4 ①「あなたは何時に～しますか」は、 What time do you ～? とたずね、 I ～ at ＋時こく. で答えます。文の終わりは ピリオド(.)をつけます。

②9時30分は〔**ナイン** **サ**ーティ〕と言います。

13. 夏休みのホームテスト
25〜26ページ

1

① _China_ ② _always_

③ _summer_ ④ _Russia_

2

① _winter_ ② _dancing_

③ _Germany_

④ _baseball_

3

① _I'm_ _from_

② _usually_ _take_

③ _In_ , _have_

4

① _you_ _can_

② _What_ _time_ _do_

③ _I'm_ _good_ _at_

考え方
1 ①④国の名前は大文字で書き始めます。
3 ①I'm from 〜.は「わたしは〜出身です」という意味です。
②usually「たいてい」は頻度（ひんど）を表すことばです。
③In＋〔季節・月〕, we have 〜.は「〔季節・月〕には、〜があります」という意味です。〜には、行事を表すことばを入れましょう。

4 ①「〔場所〕で、あなたは〜することができます」と伝えるときは In＋〔場所〕, you can 〜. と言います。
②「あなたは何時に〜しますか」とたずねるときは What time do you 〜? と言います。
③「わたしは〜が得意です」は I'm good at 〜. と言います。〜には、得意なこと、得意な教科、スポーツなどを入れましょう。

17. したことについて話そう
33〜34ページ

1

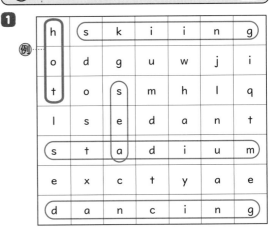

【解答】①sea ②skiing ③stadium
④dancing

2

① _river_ ② _hard_

③ _mountain_

④ _tired_

3

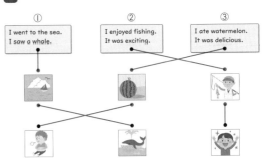

① I went to the sea. I saw a whale.
② I enjoyed fishing. It was exciting.
③ I ate watermelon. It was delicious.

④ (left)

① went to

② ate ③ saw

④ was

⑤ I enjoyed

考え方

③ ① I went to ～.は「わたしは～に行きました」、I saw ～.は「わたしは～を見ました」という意味です。

② I enjoyed ～.は「わたしは～を楽しみました」、It was ～.は「それは～でした」という意味です。

③ I ate ～.は「わたしは～を食べました」という意味です。

20. 生き物のことを伝えよう 39～40ページ

①

① zebra ② whale

③ monkey

④ sea turtle

②

① tiger ② koala

③ seaweed

③

① forest ② nuts

③ sea ④ fish

④ (right)

① Elephants live

② eat grass

③ Penguins live on the island.

④ Pandas eat leaves.

考え方

③ ①③「わたしは～に住んでいます」と伝えるときは、I live in ～.と言います。

②④「わたしは～を食べます」と伝えるときは、I eat ～.と言います。

④ ①「(生き物)が～に住んでいます」と言うときは、生き物の複数形＋live in ～.で表します。

②④「(生き物)が～を食べます」と言うときは、生き物の複数形＋eat ～.で表します。

③「島に住んでいます」はlive on the islandで表します。

23. 行きたい国について話そう 45～46ページ

①

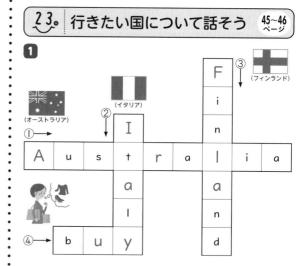

（オーストラリア）（イタリア）（フィンランド）

【解答】①Australia ②Italy ③Finland ④buy

②

① Peru ② Brazil

③ Egypt ④ Spain

3

① Where ② go

③ eat ④ can

4

① want to go

② can see

③ You can visit Machu Picchu.

考え方

1 ①②③国の名前は大文字で書き始めます。

3 ①② Where do you want to go? で相手の行きたい場所をたずね、 I want to go to＋場所. で答えます。

③ You can ～. で「あなたは～することができます」という意味です。

④ In ～, you can ～. は「～で、あなたは～することができます」という意味です。

4 ①「わたしは～したいです」は I want to ～. と言います。

---

24. **冬休みのホームテスト** 47～48ページ

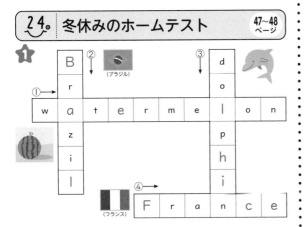

【解答】①watermelon ②Brazil ③dolphin ④France

2

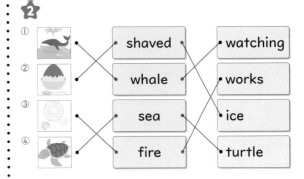

【解答】①whale watching ②shaved ice ③fireworks ④sea turtle

3

① We saw Mt. Fuji. It was great. — わたしはホットドッグを食べました。
② I want to go to the U.K. — わたしたちは富士山を見ました。それはすばらしかったです。
③ I live in the sea. — わたしは海に住んでいます。
④ I ate a hot dog. — わたしはイギリスに行きたいです。

4

① Where, go to

② I went to

③ What did you do there?

④ you can visit the Great Wall.

考え方

3 ① We saw ～. は「わたしたちは～を見ました」、 It was ～. は「それは～でした」という意味です。

② I want to go to＋場所. は「わたしは～に行きたいです」という意味です。

③ I live in ～. で「わたしは～に住んでいます」という意味です。

④ I ate ～. は「わたしは～を食べました」という意味です。

4 ①「あなたはどこに行きたいですか」と相手にたずねるときは Where do you want to go? と言います。答えるときは I want to go to＋場所. と言います。

② 「わたしは〜に行きました」と行った場所を伝えるときは I went to 〜. と言います。

③ 「あなたはそこで何をしましたか」と相手にたずねるときは What did you do there? と言います。

④ 「〜で、あなたは〜することができます」と言うときは In 〜, you can 〜. と言います。

28. したいこと・なりたいものについて話そう 55〜56ページ

1

① Japanese

② florist ③ science

④ farmer

2

① brass band

② vet

③ newspaper club

3

① What do you want to study? —— I want to study home economics.

② What do you want to be? —— I want to be a designer.

③ What club do you want to join? —— I want to join the art club.

4

① What , be

② I want to

③ I want to

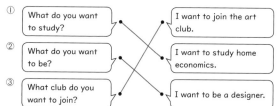

考え方

3 ① What do you want to study? は「あなたは何を勉強したいですか」という意味です。 I want to study 〜. 「わたしは〜を勉強したいです」と答えます。I want to study home economics. 「私は家庭科を勉強したいです」を線でつなぎましょう。

② What do you want to be? は「あなたは何になりたいですか」という意味です。 I want to be 〜. 「わたしは〜になりたいです」と答えます。I want to be a designer.「わたしはデザイナーになりたいです」を線でつなぎましょう。

③ What club do you want to join? は「あなたは何部に入りたいですか」という意味です。 I want to join 〜.「わたしは〜に入りたいです」と答えます。I want to join the art club.「わたしは美術部に入りたいです」を線でつなぎましょう。

4 ① 「あなたは何になりたいですか」と相手にたずねるときは、 What do you want to be? と言います。文の最初は大文字で書くことに気をつけましょう。

② What do you want to be?「あなたは何になりたいですか」とたずねられたときは、 I want to be 〜. で答えます。

③ 「なぜですか」と相手にたずねるときは Why? と言います。答えるときは理由を言いましょう。

31. 思い出について話そう 61〜62ページ

1

① sports day

② drama festival

③ field trip

④ fresh ⑤ popular

2

① small ② long

③ new

3

① camping trip

② went ③ ate

④ music ⑤ enjoyed

⑥ was

4

① What's your

② My , is

③ saw , was

考え方

3 ①④「わたしのいちばんの思い出は～です」と言うときは My best memory is ～. と言います。

②「わたしたちは～に行きました」と行った場所を伝えるときは We went to ～. と言います。

③「わたしたちは～を食べました」と食べたものを伝えるときは We ate ～. と言います。

⑤「わたしたちは～を楽しみました」と楽しんだことを伝えるときは We enjoyed ～. と言います。

⑥「それは～でした」は It was ～. と言います。

4 ①「あなたのいちばんの思い出は何ですか」と相手にたずねるときは What's your best memory? と言います。

---

③「わたしたちは～を見ました」と見たものを伝えるときは We saw ～. と言います。

32。 学年末のホームテスト 63～64ページ

① firefighter

② astronaut

③ science ④ marathon

① short ② artist

③ English ④ exciting

①ウ ②イ

4

① What , want

② I , study English

③ What's your

④ My , is

考え方

3 ①Bは「わたしはダンス部に入りたいです。わたしはおどることが得意です」と答えているので、「何の」を意味するウのWhatを選びます。 What club do you want to join? で「何部に入りたいですか」と相手にたずねることができます。

②Aは「あなたは何になりたいですか」とたずねているので、なりたい職業を答えているイの「わたしはロボットクリエイターになりたいです」を選びます。

4 ①「あなたは何を～したいですか」と言う
ときは What do you want to ～? と
言います。

②「わたしは～したいです」は I want to
～. と言います。study English は「英
語を勉強する」という意味です。

③「あなたのいちばんの思い出は何です
か」と相手にたずねるときは What's
your best memory? と言います。

④「わたしのいちばんの思い出は～です」
と伝えるときは My best memory is
～. と言います。

全教科書版・小学英語6年